Ergänzungsband

zu

Alois von Rauck
Ministerialdirektor

Das Bayerische Berggesetz

vom 13. August 1910

2. Auflage

enthaltend sämtliche, seitdem hiezu ergangene gesetzliche Änderungen, organisatorische Verordnungen und Vollzugsvorschriften, sowie das Gesetz über das Knappschaftswesen vom 21. Juli 1918 und das Grubenfeldabgabengesetz vom 27. Juli 1918.

1918

München, Berlin und Leipzig

J. Schweitzer Verlag (Arthur Sellier).

Druck von Dr. F. P. Datterer & Cie. (Arthur Sellier) München-Freising.

Einleitung.

Das bayerische Berggesetz vom 20. März 1869 erlitt durch die Gesetze vom 30. Juni 1900 und vom 13. August 1910 ziemlich einschneidende Änderungen, welche teils durch die Anpassung an die neueren Gesetze, besonders auf dem gewerblichen Gebiete, veranlaßt waren, teils wirtschaftlichen Anforderungen und Bedürfnissen Rechnung tragen sollten. Damit hatten dieselben jedoch noch keinen endgültigen Abschluß gefunden.

Die erfreuliche Fortentwicklung des Bergbaues, von der an anderer Stelle bei den Einzelgesetzen noch kurz die Sprache sein wird, mancherlei dabei wachgerufene Bedenken sowie die Erfahrungen des Weltkrieges boten hinreichenden Anlaß zu neuerlichen gesetzgeberischen Maßnahmen, um dem weiteren Aufblühen des Bergbaues Bahn zu schaffen und dabei die Fürsorge für die Bergarbeiter tunlichst zu fördern. Insbesondere sollten auch die wohlberechtigten Anforderungen und Wünsche der Allgemeinheit gewahrt und gesichert werden.

Unter den dermaligen ungünstigen Verhältnissen erschien eine Neubearbeitung der erst im Jahre 1911 erschienenen zweiten Auflage meiner Ausgabe des Bayerischen Berggesetzes vom 13. August 1910 nicht geboten. Immerhin war es in hohem Grade erwünscht und nicht zu umgehen, für alle am Bergbau interessierten Kreise und die mit dem Vollzuge des Gesetzes betrauten Behörden eine allumfassende Zusammenstellung der inzwischen erlassenen Gesetze, organisatorischen Bestimmungen und Vollzugsvorschriften zu bieten. Diesem Zweck zu dienen sei die Bestimmung des vorliegenden Ergänzungsbandes.

München, im August 1918.

Der Verfasser.

Inhaltsverzeichnis.

Vorbemerkungen zum Gesetze über die Änderung des Berggesetzes.

Im Art. 1 des Berggesetzes, welcher die verleihbaren, dem Eigentumsrechte des Grundbesitzers entzogenen Mineralien erschöpfend aufzählt, wurde durch das vorliegende Gesetz unter diese eingereiht Graphit beschränkt, dann Bitumen in festem, flüssigem oder gasförmigem Zustand.

Eine Gewinnung von Bitumen, Erdöl, Asphalt, Ölschiefer, Erdgas u. a. hat bisher nur in geringem Umfange stattgefunden, wie auch Bitumen nur in wenigen Gegenden Bayerns (Erdöl am Tegernsee, bitumenhaltige Schiefer im dolomitischen Triaskalk der Bayerischen Alpen bei Fall, Krünn, Mittenwald u. a. O., im fränkischen Lias, Erdgas in Niederbayern) in bescheidenem Vorkommen nachgewiesen sind. Der Weltkrieg, der die Abhängigkeit Deutschlands von der ausländischen Petroleumeinfuhr als ernste Gefahr für die Volkswirtschaft und die Landesverteidigung erwiesen hat, läßt es als naheliegend und wichtig erscheinen, die Aufsuchung und Gewinnung von Petroleum tunlichst zu fördern. Dies kann jedoch nur erfolgen, wenn das erschwerende Recht des Grundeigentümers beseitigt und die Gewinnung von Petroleum durch Unternehmungen größeren Stils ermöglicht wird. Durch die Änderung des Art. 2 des Berggesetzes wird dies erreicht.

Der durch das Gesetz vom 17. August 1918 abgeänderte Art. 2 des Berggesetzes behält neben den Salzen auch die Aufsuchung und Gewinnung von Eisen- und Manganerzen, von Braunkohlen und den im Regierungsbezirke Pfalz vorkommenden Steinkohlen, von Graphit in beschränkter Weise und von Bitumen dem Staate vor. Die Staatsregierung ist jedoch, wie bisher das Staatsministerium der Finanzen, befugt, die Erlaubnis hiezu Einzelnen oder Gemeinschaften zu erteilen.

Eisenerze finden sich mannigfach in Bayern, hauptsächlich in der Oberpfalz und Oberfranken. Der Eisengehalt und die Mächtigkeit der Eisenlager sind wechselnd und damit wechselt auch die Abbauwürdigkeit der Lager. Die Gewinnung an Eisenerzen in Bayern hat in den Jahren vor dem Kriege eine erhebliche Steigerung erfahren. Im Jahre 1907 wurden 278939 Tonnen gefördert, im Jahre 1913 dagegen 485254 Tonnen.

Die Zukunftswerte der noch unberührt lagernden Eisenerzvorkommen abzuschätzen erscheint schwierig. Der außerordentliche Ansturm von Bergbauinteressenten auf die bayerischen Erzlagerstätten läßt ersehen, welche Werte diese in denselben zu finden erwarten. Es bedarf wohl kaum eines Hinweises auf die große Bedeutung der Eisenerze für unser wirtschaftliches Leben, wie für den Landesschutz, um die Notwendigkeit darzutun, der Allgemeinheit diese Bodenschätze zu sichern. So hat das vorliegende Gesetz aus diesem Gesichtspunkte der Staatsregierung die Verfügung über die Eisen- und Manganerze übertragen. Das Gesetz behält dem Staate weiter vor die Aufsuchung und Gewinnung von Braunkohlen und den pfälzischen Steinkohlen. Von dem Vorbehalte für die Steinkohlen im diesseitigen Bayern wurde abgesehen, da die Förderung daselbst ganz unbedeutend ist. Sie erstreckt sich nur auf den kleinen Betrieb bei Stockheim und die Versuchsarbeiten bei Erbendorf.

Daß die Kohle neben den Eisenerzen wohl mit zu den wichtigsten Rohstoffen für die Volkswirtschaft zählt, bedarf keiner Begründung. Betrachten wir nun die Steinkohlenförderung der Pfalz im letzten Jahrzehnt vor Beginn des Weltkrieges — die Kriegsjahre müssen der abnormen Verhältnisse halber außer Betracht bleiben —, so ergibt sich für das Jahr 1904 eine Förderung von 681046 Tonnen bei einer Belegschaft von 3949 Arbeitern gegen eine solche im Jahre 1913 von 804243 Tonnen bei einer Belegschaft von 4023 Arbeitern, sohin eine Steigerung von rund 18%.

Halten wir dagegen die Braunkohlenförderung während des gleichen Zeitraums, so finden wir im Jahre 1904 eine Förderung von 53517 Tonnen, im Jahre 1913 eine solche von 951016 Tonnen, also eine gewaltige Steigerung um mehr als das 17fache. Dazu kommen dann noch die alpinen Pechkohlen, die ihrem Aussehen nach von echten Steinkohlen nicht zu unterscheiden sind und auch sonst den Steinkohlen näher stehen als den meist in mulmiger Form vorkommenden übrigen Braunkohlen. An Pechkohlen betrug die Förderung im Jahre 1904 642640 Tonnen bei einer Belegschaft von 3625 Arbeitern, im Jahre 1913 944699 Tonnen bei einer Belegschaft von 4815 Arbeitern, daher ergibt sich eine Steigerung von nahezu 47%.

Die Braunkohle bildet sonach einen nicht unbeträchtlichen Teil des Volksvermögens. Deren Wert wird, wenn sie auch an Heizkraft der böhmischen Braunkohle nachsteht, zweifelsicher infolge des wachsenden Bedarfs und der Nachfrage nach Brennstoffen aufsteigend sein.

Über die zweckmäßigste lohnende Verwertung der bayerischen Braunkohle mag hier die Bemerkung Platz finden, daß dies entweder in Verbindung mit einem Industriebetrieb an der Stelle der Kohlenförderung am besten erfolgt oder in brikettiertem Zustande. Letzteres empfiehlt sich namentlich in der Nähe größerer Städte, wie die günstigen Ergebnisse des Dettinger Kohlenwerkes erweisen, welches namentlich die Stadt Frankfurt a. M. mit Hausbrandbriketts versorgt.

Die günstige Entwicklung der Kohlengewinnung und der hohe wirtschaftliche Wert unserer Kohlenlager lassen es als wohlberechtigt und hochbedeutsam erscheinen, daß durch den Vorbehalt des Abänderungsgesetzes diese kostbaren Bodenschätze zum Vorteile der Allgemeinheit gesichert werden. Das gleiche gilt von dem Vorbehalte der Eisenerze. Sind in dieser Weise die Interessen der Allgemeinheit hinreichend gewahrt, so bietet der Absatz II des abgeänderten Art. 2 des Berggesetzes dem privaten Unternehmungsgeist und Kapital die wünschenswerte Gelegenheit, sich an der Hebung und Verwertung der heimischen Bodenschätze zu beteiligen, während die Staatsregierung in der Lage ist, die Verwertung der Erzeugnisse des Bergbaues zu Nutz und Vorteil der Gesamtbevölkerung zu leiten und dabei die für den Staat ersprießlichen Gegenleistungen zu vereinbaren.

Abweichend von der Gesetzesvorlage der Staatsregierung hat die Kammer der Abgeordneten den Graphit in Art. 1 des Berggesetzes unter die verleihbaren Mineralien aufgenommen mit Ausnahme des Graphitvorkommens im Bezirke des Bezirksamts Wegscheid und in dem links der Ilz gelegenen Teile des Bezirksamts Passau. Ebenso wurde in Art. 2 des Berggesetzes unter die dem Staate vorbehaltenen Mineralien Graphit aufgenommen mit der vorerwähnten Ausnahme. Der Graphit, ein hochwertiges Mineral, war in dem 1899 dem Landtag vorgelegten Gesetzentwurf unter die verleihbaren Mineralien eingestellt worden. Die Vorschläge fanden jedoch die Billigung des Landtags nicht. Inzwischen ist die Graphitgewinnung unter dem Einflusse des Krieges und bei der Einzigart des bayerischen Vorkommens in Deutschland erheblich gesteigert worden. Auf Veranlassung der Staatsregierung haben die bayerischen stellvertretenden Generalkommandos Anordnung erlassen, wonach die Inbetriebnahme neuer sowie der Wiederbetrieb aufgelassener alter Graphitgruben nur mit Genehmigung des Kriegsministeriums zulässig ist und Vermittlungen bei Verträgen, die Verfügungen über Grundstücke zum Zwecke der Graphitgewinnung zum Gegenstande haben, verboten sind. Ferner kann nach einer Bundesratsverordnung vom

4. August 1917, RGBl. S. 693, das Oberbergamt Bestimmungen treffen über die Art und Höhe der Vergütung für die Übertragung des Eigentums an einem Grundstücke, das zur Graphitförderung erworben wird, sowie der Vergütung für die Bestellung oder Übertragung des Rechtes, auf einem Grundstücke Graphit zu fördern. Es kann insbesondere anordnen, daß mindestens ein Teil der Vergütung nach der Menge des geförderten Rohgraphits zu bemessen ist. Es kann ferner Anordnungen über das Verfahren treffen, in dem auf Antrag eines Beteiligten nach Abschluß eines Vertrages die Höhe der Vergütung oder für einen beabsichtigten Vertrag die zulässige Höhe der Vergütung bestimmt wird. Weiter kann das Oberbergamt die Besitzer von Graphitgruben und Graphitaufbereitungsanstalten zum Zwecke gemeinsamer Bewirtschaftung ihrer Abbau- und Aufbereitungsanlagen, der Versorgung ihrer Anlagen mit elektrischer Kraft sowie der Regelung des Absatzes ihrer Erzeugnisse auch ohne ihre Zustimmung zu Gesellschaften vereinigen und die beteiligten Personen verpflichten, die erforderliche Auskunft zu erteilen sowie ihre Bücher einsehen zu lassen.

Es darf wohl angenommen werden, daß nach der hoffentlich nicht mehr so fernen Beendigung des Weltkrieges die K. Staatsregierung nach diesen Gesichtspunkten an der Hand der gemachten Erfahrungen im Benehmen mit dem Landtage die Graphitgewinnung in den von dem Vorbehalte für den Staat ausgenommenen Bezirken zu regeln bemüht sein wird.

Gesetz über die Änderung des Berggesetzes.

Vom 17. August 1918.

(GVBl. 1918 S. 551).

Art. I.

Das Berggesetz vom 13. August 1910 (GVBl. 1910 S. 815 ff.) wird dahin abgeändert:

1. In Art. 1 wird nach den Worten „Stein- und Braunkohle" eingesetzt: „Graphit mit Ausnahme des Graphitvorkommens im Bezirke des Bezirksamtes Wegscheid und in dem links der Ilz gelegenen Teile des Bezirksamts Passau".

Art. 1 erhält ferner am Schlusse nach „Solquellen" einen Beistrich und folgenden Zusatz:

Bitumen in festem, flüssigem oder gasförmigem Zustand, insbesondere Erdöl, Erdgas, Bergwachs (Ozokerit) und Asphalt sowie die wegen ihres Gehalts an Bitumen technisch verwertbaren Gesteine.

2. Art. 2 erhält die nachstehende Fassung:

Die Aufsuchung und Gewinnung

1. von Steinsalz nebst den mit ihm auf der nämlichen Lagerstätte vorkommenden Salzen, namentlich Kali-, Magnesia- und Borsalzen sowie der Solquellen,
2. von Eisen- und Manganerzen,
3. von Braunkohlen und den im Regierungsbezirke Pfalz vorkommenden Steinkohlen,
4. von Graphit mit Ausnahme des Graphitvorkommens im Bezirke des Bezirksamts Wegscheid und in dem links der Ilz gelegenen Teile des Bezirksamts Passau,
5. von Bitumen in festem, flüssigem oder gasförmigem Zustand, insbesondere Erdöl, Erdgas, Bergwachs (Ozokerit) und Asphalt sowie den wegen ihres Gehalts an Bitumen technisch verwertbaren Gesteinen,

bleibt dem Staate vorbehalten.

Die Staatsregierung ist jedoch befugt, die Erlaubnis hierzu Einzelnen oder Gemeinschaften zu erteilen.

3. Art. 3 Satz 1 erhält folgende Fassung:

Bei der vom Staate oder auf Grund einer von der Staatsregierung erteilten Erlaubnis von sonstigen Unternehmern betätigten Aufsuchung und Gewinnung der im Art. 2 dem Staate vorbehaltenen Mineralien finden sowohl hinsichtlich der für den Betrieb maßgebenden Beschränkungen und Verpflichtungen als auch hinsichtlich des Verhältnisses des Unternehmers zu anderen Bergwerksbesitzern und zu den Mutern, zu den Grundbesitzern und zu den bei dem Betriebe beschäftigten Personen die Vorschriften dieses Gesetzes, soweit sie nach der Natur der Sache zutreffen, entsprechende Anwendung.

Art. II.

Das Bergwerkseigentum an Eisen- und Manganerzen sowie an Braunkohlen und an dem Staate vorbehaltenen Steinkohlen, das bei Inkrafttreten dieses Gesetzes bereits verliehen war oder das auf Grund der zu diesem Zeitpunkte schwebenden Mutungen oder der gemäß Art. III noch zugelassenen Mutungen verliehen wird, wird durch den im Art. I zugunsten des Staates ausgesprochenen Vorbehalt nicht berührt.

Art. III.

1. Mutungen auf Eisen- und Manganerze, auf Braunkohlen oder auf dem Staate vorbehaltene Steinkohlen werden innerhalb zwei Monaten nach dem Inkrafttreten dieses Gesetzes insoweit noch angenommen, als ihnen anzeigepflichtige, vor dem 17. Mai 1918 begonnene Schürfungen (Art. 12 Abs. II des Berggesetzes) vorausgegangen sind.

2. Mutungen, die in der Zeit vom 17. Mai 1918 bis zum Inkrafttreten dieses Gesetzes auf Eisen- und Manganerze, auf Braunkohlen oder auf dem Staate vorbehaltene Steinkohlen eingelegt worden sind, sind von Anfang an ungültig, es sei denn, daß ihnen anzeigepflichtige, vor dem 17. Mai 1918 begonnene Schürfungen (Art. 12 Abs. II des Berggesetzes) vorausgegangen sind. Bergwerkseigentum, das auf Grund solcher ungültiger Mutungen verliehen worden ist, wird mit dem Inkrafttreten dieses Gesetzes hinfällig.

3. Zu den bei Inkrafttreten dieses Gesetzes schwebenden und den nach diesem Zeitpunkte gemäß Ziff. 1 noch anzunehmenden Mutungen auf Eisen- und Manganerze, auf Braunkohlen oder auf dem Staate vorbehaltene Steinkohlen muß innerhalb sechs Monaten nach der amtlichen Untersuchung (Art. 17 des Berggesetzes) von dem Muter der Schlußtermin (Art. 31 des Berggesetzes) beantragt werden.

Ist dieser Antrag nicht innerhalb der vorgesehenen Frist gestellt worden oder wird er zurückgenommen, so ist die Mutung von Anfang an ungültig.

Eine neue Mutung auf denselben Fundpunkt ist unzulässig.

Art. IV.

Zur Gewinnung von Bitumen sind auch nach Inkrafttreten dieses Gesetzes Grundeigentümer und Ausbeuteberechtigte unter der Voraussetzung befugt, daß sie bereits vor dem 17. Mai 1918 auf ein Bitumenvorkommen fündig geworden sind und nach Maßgabe der folgenden Bestimmungen Bergwerkseigentum verliehen erhalten haben.

Sie können binnen drei Monaten ausschließender Frist vom Inkrafttreten des Gesetzes an beim Oberbergamt ein Gesuch um Verleihung des Bergwerkseigentums (Mutung) einreichen und auf Grund ihres Fundes die Zuweisung eines Feldes in den räumlichen Grenzen ihres Grundeigentums oder Ausbeuterechts, höchstens aber eines aus den folgenden Bestimmungen sich ergebenden Feldes verlangen. Auf ihre Mutung finden die Art. 14 bis 41 des Berggesetzes Anwendung mit dem Abmaße, daß für festes Bitumen ein Grubenfeld von höchstens 200 ha, für flüssiges oder gasförmiges dagegen bei einer Schacht- oder Bohrlochtiefe bis 50 m höchstens 25 ha, über 50 m bis 100 m Schacht- oder Bohrlochtiefe höchstens 50 ha, über 100 m bis 250 m höchstens 100 ha und bei tieferen Schächten oder Bohrlöchern höchstens 200 ha Grubenfeld begehrt werden können.

Das gleiche Recht steht denjenigen Grundbesitzern oder Ausbeuteberechtigten zu, welche am 17. Mai 1918 Schürfarbeiten auf Bitumen in Betrieb hatten, wenn sie innerhalb eines Jahres, von diesem Tage an gerechnet, fündig geworden sind. Grundeigentümer und Ausbeuteberechtigte, die bereits vor dem 17. Mai 1918 Bitumen gewonnen haben, sind zur Fortsetzung der Gewinnung in der Zwischenzeit bis zur rechtskräftigen Verleihung eines Grubenfeldes (Abs. 2) befugt.

Soweit sich ein Ausbeuteberechtigter in Abbauverträgen vor dem 17. Mai 1918 zu Förderabgaben oder sonstigen Leistungen an den Grundeigentümer oder an Gemeinden verpflichtet hat, kann das Oberbergamt bei der Verleihung des Bergwerkseigentums die Erfüllung solcher Verpflichtungen auferlegen.

Art. V.

Die Übergangsbestimmungen des Art. IV finden auf Graphit, soweit seine Aufhebung und Gewinnung nach Art. I dem Staate vorbehalten wird, mit der Maßgabe entsprechende Anwendung, daß Grundeigentümer und Ausbeuteberechtigte die Zuweisung eines Feldes von höchstens 200 ha in den räumlichen Grenzen ihres Grundeigentums oder Ausbeuterechts verlangen können.

Leutstetten, den 17. August 1918.

Ludwig.

v. Dandl. v. Thelemann. v. Breunig. Dr. **v. Knilling.** Dr. **v. Brettreich.**
v. Hellingrath.

J. V.
Staatsrat **Riegel.**

Auf Allerhöchsten Befehl:
Der Regierungsrat
im K. Staatsministerium des Innern:
Hartmann.

K. VO. zum Vollzuge des Gesetzes vom 17. August 1918 über die Änderung des Berggesetzes.

(GVBl. 1918 S. 555).

§ 1. Die Erlaubnis zur Aufsuchung und Gewinnung der in Art. II des Berggesetzes bezeichneten Mineralien an Einzelne oder an Gemeinschaften wird vom Staatsministerium des Kgl. Hauses und des Äußern im Benehmen mit dem Staatsministerium der Finanzen erteilt.

§ 2. Die zum Vollzuge des Gesetzes vom 17. August 1918 weiter erforderlichen Anordnungen erläßt das Staatsministerium des Kgl. Hauses und des Äußern im Benehmen mit dem Staatsministerium der Finanzen.

Leutstetten, den 17. August 1918.

Ludwig. **v. Dandl.** **v. Breunig.**

Auf Allerhöchsten Befehl:

Der Generalsekretär:

I. V.: Freiherr v. Seefried.

Bek. zum Vollzuge des Gesetzes vom 17. August 1918 über die Änderung des Berggesetzes.

(GVBl. 1918 S. 556).

K. Staatsministerium des Königlichen Hauses und des Äußern und K. Staatsministerium der Finanzen.

Zum Vollzuge des Gesetzes vom 17. August 1918 (GVBl. S. 551) über die Änderung des Berggesetzes wird auf Grund Allerhöchster Ermächtigung nachstehendes verfügt:

§ 1. Gesuche um die Erlaubnis zur Aufsuchung und Gewinnung der in Art. 2 des Berggesetzes bezeichneten Mineralien sind beim Oberbergamt in doppelter Fertigung einzureichen. Die Gesuche haben insbesondere zu enthalten:

1. den Namen, Stand und Wohnort des Gesuchstellers,
2. die Bezeichnung des Minerals, zu dessen Aufsuchung und Gewinnung die Erlaubnis nachgesucht wird,
3. die genaue Angabe des Gebietes, für welches die Erlaubnis nachgesucht wird, unter Beifügung von Übersichtsplänen,
4. die Angabe des Zwecks, für den das Mineral gewonnen werden soll.

Das Oberbergamt hat das Gesuch im Benehmen mit der Generaldirektion der Berg-, Hütten- und Salzwerke zu prüfen und nötigenfalls seine Ergänzung zu veranlassen. Die Prüfung hat sich insbesondere auch auf die persönliche, fachliche und finanzielle Verlässigkeit des Gesuchstellers zu erstrecken. Das Oberbergamt kann die Vorlage von Gutachten anordnen oder Sachverständige einvernehmen.

Nach der Prüfung hat das Oberbergamt die Verhandlungen mit gutachtlichem Bericht und gegebenenfalls mit einem Entwurf der Erlaubnisbedingungen dem Staatsministerium des Königlichen Hauses und des Äußern vorzulegen.

Über die Erteilung der Erlaubnis entscheidet das Staatsministerium des Königlichen Hauses und des Äußern im Benehmen mit dem Staatsministerium der Finanzen.

Das Staatsministerium des Königlichen Hauses und des Äußern kann die notarielle Verbriefung der Erlaubnis anordnen. Die Kosten der Verbriefung, einschließlich der für den amtlichen Gebrauch erforderlichen Ausfertigungen, hat der Gesuchsteller wie sonstige Kosten des Verfahrens zu tragen.

§ 2. Die Erlaubnis ist in die bergbehördlichen Mutungsübersichtskarten einzutragen und im bergbehördlichen Verleihungsbuch vorzumerken.

Die Erlaubnis ist ferner unter Angabe des Berechtigten, des Minerals und des räumlichen und zeitlichen Umfanges der Berechtigung im Bayerischen Staatsanzeiger und im zuständigen Kreisamtsblatt zu veröffentlichen.

§ 3. Mutungen auf Eisen- und Manganerze, auf Braunkohlen oder auf dem Staate vorbehaltene Steinkohlen können nur noch unter der Voraussetzung, daß ihnen anzeigepflichtige, vor dem 17. Mai 1918 begonnene Schürfungen (Art. 12 Abs. 2 des Berggesetzes) vorausgegangen sind, bis spätestens 31. Oktober 1918 beim Oberbergamt eingelegt werden.

Mit der Mutung ist dem Oberbergamt zugleich eine Bestätigung der zuständigen Berginspektion darüber vorzulegen, daß der Mutung eine anzeigepflichtige, vor dem 17. Mai 1918 begonnene Schürfung vorausgegangen und daß diese Schürfung ordnungsgemäß angezeigt worden ist.

Im übrigen finden auf die Mutung die Art. 14 bis 41 des Berggesetzes mit der Maßgabe Anwendung, daß innerhalb sechs Monaten nach der amtlichen Untersuchung (Art. 17 des Berggesetzes) von dem Muter der Schlußtermin (Art. 31 des Berggesetzes) beantragt werden muß.

Auch zu allen übrigen bei Inkrafttreten des Gesetzes vom 17. August 1918 noch schwebenden Mutungen muß innerhalb sechs Monaten nach der amtlichen Untersuchung der Schlußtermin beantragt werden, wenn nicht die Mutung von Anfang an ungültig sein soll.

§ 4. Grundeigentümer und Ausbeuteberechtigte, die vor dem 17. Mai 1918 auf Bitumen oder außerhalb des Bezirksamts Wegscheid und des links der Ilz gelegenen Teiles des Bezirksamts Passau auf Graphit fündig geworden sind, können bis spätestens 30. November 1918 beim Oberbergamt ein Gesuch um Verleihung des Bergwerkseigentums (Mutung) innerhalb der räumlichen Grenzen ihres Grundeigentums oder Ausbeuterechts, höchstens aber in dem in Art. IV Abs. 2 und Art. V des Gesetzes vom 17. August 1918 bezeichneten Ausmaße einreichen.

Der Nachweis, daß der Gesuchsteller bereits vor dem 17. Mai 1918 fündig geworden ist, kann erbracht werden durch eine Bestätigung der Berginspektion oder der zuständigen Gemeindebehörde oder durch Zeugen. In den beiden letzteren Fällen ist die Richtigkeit der Angaben bei der amtlichen Fundesbesichtigung nachzuprüfen.

Der Umfang des Grundeigentums oder Ausbeuterechts ist durch Vorlage von Grundbuchauszügen und Verträgen spätestens bei Einreichung der Steuerkatasterpläne nachzuweisen.

Im übrigen finden auf die Mutung die Art. 14 bis 41 des Berggesetzes Anwendung.

Grundbesitzer und Ausbeuteberechtigte, die am 17. Mai 1918 Schürfarbeiten auf Bitumen und Graphit in Betrieb hatten, aber noch nicht fündig geworden sind (Art. IV Abs. 3, Art. V des Gesetzes vom 17. August 1918), haben solche Arbeiten unverzüglich der zuständigen Berginspektion unter Vorlage der Nachweise über den Betrieb der Arbeiten am Stichtage anzuzeigen. Die Berginspektion hat die angebotenen Beweise alsbald an Ort und Stelle nachzuprüfen. Soweit solche Schürfarbeiten innerhalb eines Jahres vom Stichtage an gerechnet, also bis längstens 17. Mai 1919, noch zu einem Funde führen, ist ein etwaiges Gesuch um Verleihung des Bergwerkseigentums spätestens am 17. Mai 1919 beim Oberbergamt einzureichen.

München, den 18. August 1918.

v. Dandl. v. Brennig.

Summarische Übersicht über den Bergwerksbesitz in Bayern

nach dem Stande vom 1. August 1917.

Zahl der Grubenfelder	Eigentümer	Feldesgröße ha	In Betrieb gesetzte Felder: überhaupt betrieben	In Betrieb gesetzte Felder: z. Zt. noch in Betrieb
462	1. K. B. Bergärar	490 634,70	51	14
81	2. Oberbayerische A G. für Kohlenbergbau	47 125,02	41	25
203	3. Eisenwerkgesellschaft Maximilianhütte	30 345,38	18	2
451	4. Gewerkschaft Wittelsbach, Hollfeld	87 872,12	36	—
25	5. Eugen Abresch, Neustadt a. Haardt	12 166,00	11	7
210	6. Deutsch-Luxemburgische Bergwerks- und Hütten-A G Differdingen	51 719,76	46	4
53	7. Bayer. Eisenerzgewerkschaft Fichtelberg	5 157,55	3	—
15	8. Aktienverein Hessen-Nassauischer Hüttenverein G m b H Dillenburg	1 112,38	4	—
11	9. Ad Beeri, Kaufmann, Augsburg	2 015,52	—	—
80	10. Gewerkschaft Kleiner Johannes, Arzberg	6 983,72	29	1
21	11. Gewerkschaft Deutscher Kaiser, Hamborn	4 200,00	—	—
68	12 Gewerkschaft Johann Baptist, Nürnberg	12 998,67	2	—
13	13. Gewerkschaft Bavaria, Nürnberg	2 249,12	2	—
16	14. GuteHoffnungshütte, Akt.-Ver. für Bergbau und Hüttenbetrieb, Oberhausen R.	2 850,95	9	1
16	15. Hch. Theod. Höch, † Realitätenbesitzer in München	2 089,04	2	—
15	16 Rich Hermann, Fabrikbesitzer, Zeitz	1 134,99	1	—
10	17. Franziska Hadra und Gen., Berlin	1 990,02	—	—
38	18. Oskar Prieger, Gereuth und Konsorten	7 494,70	—	—
17	19. Anton Leonh Reintjes, Amsterdam	5 806,90	—	—
12	20. Schmidt und Ziegler, Wunsiedel	1 351,68	6	2
15	21. Eisen- und Mangangewerkschaft Kahltal, Amsterdam	2 383,95	—	—
11	22 Bayer Braunkohlenindustrie Gewerkschaft Klardorf, Schwandorf	8 355,62	3	1
13	23 Bayerische Liegenschaftsgesellschaft Büdingen	1 184,95	8	2
10	24 A. Schaaffhausen'scher Bankverein, Köln	2 000,00	—	—
20	25. Gewerkschaft Palatina, Kreuznach	3 549 00	—	—
518	26. Verschiedene Besitzer	137 845,15	142	32
2404	Summe Bayern	929 616,98	414	91

Vorbemerkung zum Gesetz über das Knappschaftswesen.

Mehrfache Wünsche der in den niederbayerischen Graphitgruben und den dazu gehörigen Anlagen beschäftigten Arbeiter, der Vorteile der Knappschaftskassen teilhaftig zu werden, haben bereits früher im Landtage Anlaß geboten zur Erörterung dieser Frage. Dazu kam dann die Erwägung, daß ähnliche Verhältnisse auch bei Arbeitern in anderen unterirdischen Bauen, Steinbrüchen und Gräbereien auf nicht verleihbare Mineralien vorliegen und daß diese Verhältnisse der gleichen Berücksichtigung wert erscheinen, wie bei den Graphitarbeitern. Diese Erwägungen führten zu dem von der Staatsregierung dem Landtage vorgelegten Gesetzentwurf über das Knappschaftswesen, der in dem nun vorliegenden Gesetze Annahme gefunden hat. Das Gesetz bietet die nötige Handhabe, den Wünschen und Bedürfnissen der in Frage kommenden Arbeiter gerecht zu werden.

Gesetz über das Knappschaftswesen.

Vom 21. Juli 1918.

(GVBl. 1918 S. 377).

Einziger Artikel.

Das Berggesetz vom 13. August 1910 (GVBl. 1910 S. 815 ff.) wird dahin abgeändert:

1. In Art. 221 wird nach Abs. 2 folgende Vorschrift als neuer Absatz eingefügt:

   Das Staatsministerium des K. Hauses und des Äußern kann die Knappschaftspflicht auch auf Arbeiter in unterirdischen Bauen, Steinbrüchen und Gräbereien auf nicht verleihbare Mineralien und den dazu gehörigen Anlagen ausdehnen.

2. Art. 222 Abs. 1 wird durch nachstehende Vorschrift ersetzt:

   Die bereits bestehenden Knappschaftsvereine bleiben in Wirksamkeit. Der gegenwärtige Titel findet jedoch auch auf sie Anwendung.

3. Art. 223 erhält nachstehende Fassung:

   Neue Knappschaftsvereine für einzelne Werke können nicht mehr errichtet werden.

Die Arbeiter neu entstehender Bergwerke und Salinen und die in Art. 221 Abs. 3 bezeichneten Arbeiter sind einem vom Oberbergamte zu errichtenden gemeinsamen Knappschaftsvereine zuzuteilen.

Durch Beschluß des Oberbergamts können die bestehenden Knappschaftsvereine nach Einvernahme des Knappschaftsvorstandes und Anhörung des Werkbesitzers mit dem gemeinsamen Knappschaftsvereine vereinigt werden.

4. Art. 224 Abs. 1 erhält nachstehende Fassung:

Alle in knappschaftspflichtigen Werken (Art. 221) beschäftigten Arbeiter sind dem zuständigen Vereine nach näherer Bestimmung der Satzungen beizutreten berechtigt und verpflichtet.

5. In Art. 227 Abs. 1 Ziff. 5 treten an die Stelle des Wortes „Arbeitsunfähigkeit" die Worte „Unfähigkeit zur Berufsarbeit".

6. Art. 242 erhält nachstehende Fassung:

Das Oberbergamt hat die Beobachtung der für die Tätigkeit der Knappschaftsvereine in Betracht kommenden Gesetze und der Satzungen zu überwachen. Insbesondere obliegt ihm die Überwachung der dauernden Leistungsfähigkeit der Vereine und der satzungsmäßigen Verwaltung des Vermögens.

Unterläßt ein Knappschaftsverein die zur Herbeiführung oder Erhaltung der Leistungsfähigkeit der Knappschaftskasse erforderlichen Maßnahmen, so kann das Oberbergamt die Beschlußfassung anordnen. Wird der Anordnung keine Folge gegeben, so hat das Oberbergamt die erforderlichen Maßnahmen von Amts wegen mit rechtsverbindlicher Wirkung zu treffen.

7. Der Abs. 2 des Art. 281 wird gestrichen.

Leutstetten, den 21. Juli 1918.

Ludwig.

v. Dandl. v. Thelemann. v. Breunig. Dr. v. Knilling. Dr. v. Brettreich. v. Hellingrath.

J. V.

Staatsrat v. Weigert.

Auf Allerhöchsten Befehl:

Der Regierungsrat
im K. Staatsministerium des Innern:

Hartmann.

Bek. über den Vollzug des Berggesetzes.

(GVBl. 1918 S. 379).

K. Staatsministerium des Königliches Hauses und des Äußern.

Auf Grund des Art. 221 Abs. 3 des Berggesetzes in der Fassung des Gesetzes über das Knappschaftswesen vom 21. Juli 1918 (GVBl. 1918 S. 377) wird bestimmt:

Mit Wirkung vom 1. September 1918 ab wird die Knappschaftspflicht auf Arbeiter in Graphitgruben und in unterirdisch betriebenen Tongruben und den dazu gehörigen Anlagen ausgedehnt.

Die Arbeiter sind nach Art. 223 Abs. 2 des Berggesetzes dem vom Oberbergamt zu errichtenden gemeinsamen Knappschaftsvereine zuzuteilen.

München, den 22. Juli 1918.

v. Dandl.

Vorbemerkung zum Grubenfeldabgabengesetz.

Das Gesetz bestrebt, die Grubenfeldabgabe nach dem Gesetze vom 6. April 1869, die Abgaben von den Bergwerken betr., den mit der Abgabe verfolgten steuerpolitischen Zwecken der Jetztzeit sowie dem gesunkenen Geldwerte anzupassen. Der Gesetzentwurf hatte in Art. 1 eine Erhöhung der Grubenfeldabgabe von 26 ₰ für das Hektar auf 50 ₰ vorgesehen. Durch Beschluß der Kammer der Abgeordneten wurde mit Zustimmung der Staatsregierung die Abgabe auf 1 ℳ erhöht.

In Art. 10 Abs. I des Gesetzes wurde die im Gesetzentwurfe belassene bisherige Grubenfeldabgabe für die Maßeinheit mit 26 ₰ durch die Kammer der Abgeordneten auf 50 ₰ erhöht, ferner in Abs. II als Grubenfeldabgabe das Doppelte der bisherigen jährlichen Anerkennungsgebühr unter Billigung der Staatsregierung festgesetzt.

Grubenfeldabgabengesetz.

Vom 27. Juli 1918.

(GVBl. 1918 S. 387 ff.).

Art. 1.

Von jedem Grubenfelde, das auf Mineralien im Sinne des Art. 1 des Berggesetzes verliehen ist, wird eine Grubenfeldabgabe erhoben.

Die Grubenfeldabgabe beträgt 1 ℳ jährlich für jedes Hektar des Grubenfeldes; für die Berechnung der Grubenfeldabgabe wird der Flächeninhalt jedes Grubenfeldes auf volle Hektar aufgerundet.

Die dem bayerischen Staate gehörigen Grubenfelder sind von der Grubenfeldabgabe frei.

Art. 2.

Abgabenpflichtig ist jeder Bergwerkseigentümer oder sein gesetzlicher Vertreter (Repräsentant, Grubenvorstand).

Mitbeteiligte eines Bergwerkes mit gewerkschaftlicher Verfassung (Gewerken), der Repräsentant und die Mitglieder des Grubenvorstandes haften für die Grubenfeldabgabe nur mit dem Vermögen der Gewerkschaft.

Wird das Bergwerk von einem Unternehmer, dem das Bergwerkseigentum nicht zusteht, für eigene Rechnung betrieben (Bergwerksbesitzer), so haften für die Grubenfeldabgabe der Bergwerkseigentümer und der Bergwerksbesitzer als Gesamtschuldner.

Art. 3.

Haben verschiedene Verleihungen desselben Grubenfeldes an den gleichen Bergwerkseigentümer für verschiedene Mineralien stattgefunden, so wird die Grubenfeldabgabe nur einmal erhoben.

Das gleiche gilt, wenn das Bergwerkseigentum in demselben Grubenfelde verschiedenen Personen für dieselben Mineralien gemeinschaftlich verliehen worden ist, in diesem Falle haftet jeder Bergwerkseigentümer für die Grubenfeldabgabe als Gesamtschuldner.

Steht das Recht zur Gewinnung verschiedener Mineralien innerhalb derselben Feldesgrenze verschiedenen Bergwerkseigentümern zu, so ist die Grubenfeldabgabe von jedem Bergwerkseigentümer voll zu entrichten.

Art. 4.

Die Pflicht zur Entrichtung der Abgabe beginnt im Falle der Neuerwerbung von Bergwerkseigentum mit dem auf die Verleihung folgenden Kalendervierteljahre; sie endet mit dem Ablaufe des Kalendervierteljahres, in dem das Bergwerkseigentum an dem Grubenfeld aufgehoben wird.

Art. 5.

Die Grubenfeldabgabe wird mit Beginn des Kalenderjahrs, bei späterer Entstehung der Abgabenpflicht am Tage der Festsetzung fällig.

Den Zeitpunkt der Entrichtung bestimmt die Staatsregierung.

Art. 6.

Die Veranlagung, Erhebung und Beitreibung der Grubenfeldabgabe obliegt den Rentämtern unter Leitung der Regierungsfinanzkammern und unter der Oberaufsicht des Staatsministeriums der Finanzen.

Die weiteren Bestimmungen, insbesondere bezüglich des Veranlagungsorts, trifft die Staatsregierung.

Art. 7.

Streitfragen über die Pflicht zur Entrichtung der Grubenfeldabgabe oder über deren Höhe werden im ersten Rechtszuge von den Regierungsfinanzkammern entschieden. Die Entscheidung ist binnen einer Ausschlußfrist von 14 Tagen, von der Mitteilung der Veranlagung an gerechnet, beim Rentamte zu beantragen. Der Antrag hat keine aufschiebende Wirkung.

Gegen die Entscheidung der Regierungsfinanzkammer ist Beschwerde an den Verwaltungsgerichtshof nach Maßgabe des Art. 10 Ziff. 10 des Gesetzes vom 8. August 1878, betreffend die Errichtung eines Verwaltungsgerichtshofs und das Verfahren in Verwaltungsrechtssachen, zulässig.

Art. 8.

Das Verfahren bei der Veranlagung der Grubenfeldabgabe ist mit Ausnahme des Streitverfahrens nach Art. 7 kostenfrei.

Art. 9.

Ist die Grubenfeldabgabe für ein Bergwerk oder Grubenfeld, das nicht im Betrieb ist, mehr als zwei Jahre rückständig, so hat das Oberbergamt auf Antrag der Einhebebehörde das Verfahren wegen Entziehung des Bergwerkseigentums einzuleiten.

Die Einleitung ist nur zulässig, wenn dem Bergwerkseigentümer oder seinem gesetzlichen Vertreter vorher vom Oberbergamt unter Androhung der Einleitung des Entziehungsverfahrens eine Frist zur Zahlung gesetzt und die Zahlung nicht innerhalb der Frist geleistet worden ist.

Wenn der Bergwerkseigentümer oder sein Aufenthalt unbekannt ist oder wenn bei einer im Auslande zu bewirkenden Zustellung die Befolgung der für diese bestehenden Vorschriften unausführbar ist oder keinen Erfolg verspricht, erfolgt die Zustellung der Zahlungsaufforderung durch öffentliche Bekanntmachung.

Auf das Verfahren finden die Vorschriften in den Art. 215, 216 Abs. 1, 2, 217 und 220 des Berggesetzes entsprechende Anwendung.

Das Verfahren ist einzustellen, wenn die rückständigen Grubenfeldabgaben sowie die Kosten des Verfahrens bezahlt werden. Bezahlt ein Gläubiger die rückständigen Grubenfeldabgaben und die Kosten des Verfahrens, so geht der Anspruch des Staates auf ihn über.

Gegen den Beschluß des Oberbergamts auf Einleitung des Verfahrens wegen Entziehung des Bergwerkseigentums sowie gegen den Aufhebungsbeschluß ist Beschwerde an den Verwaltungsgerichtshof nach Maßgabe des Art. 249 Abs. 1 und 2 des Berggesetzes zulässig.

Im Falle der Aufhebung des Bergwerkseigentums darf die Einhebebehörde, sofern nach der Entscheidung der Berginspektion nicht polizeiliche Gründe entgegenstehen, die vorhandenen Betriebseinrichtungen, insbesondere die Zimmerung und Mauerung des Grubengebäudes, wegnehmen und behufs Deckung der Kosten des Verfahrens und der rückständigen Grubenfeldabgabe verwerten.

Der seitherige Eigentümer des Bergwerkes kann ein neuerliches Gesuch um Verleihung des Bergwerkseigentums in dem entzogenen Felde nicht mehr anbringen.

Art. 10.

Den Bestimmungen dieses Gesetzes unterliegen auch die nach älteren Berggesetzen verliehenen Bergwerke auf Ocker, Farberde, Speckstein, Porzellanerde, Dach- und Tafelschiefer, Schmirgel, Schwer- und Flußspat; die Grubenfeldabgabe beträgt für die Maßeinheit jährlich 50 ₰.

Das gleiche gilt bezüglich der nach älteren Berggesetzen auf andere niedere Mineralien verliehenen Steinbrüche und Gräbereien, der Stollenwässer und der Eisensteinwäschen; als Grubenfeldabgabe ist das Doppelte der bisherigen jährlichen Anerkennungsgebühr zu entrichten.

Art. 11.

Die zum Vollzuge dieses Gesetzes erforderlichen Vorschriften erläßt die Staatsregierung.

Art. 12.

Dieses Gesetz tritt am 1. Januar 1919 in Kraft.

Zur gleichen Zeit tritt das Gesetz vom 6. April 1869, die Abgaben von den Bergwerken betreffend, außer Kraft.

Das Entziehungsverfahren (Art. 9) kann wegen einer Grubenfeldabgabe, die vor dem Inkrafttreten des Gesetzes fällig geworden ist, nicht eingeleitet werden.

München, den 27. Juli 1918.

Ludwig.

v. Dandl. v. Thelemann. v. Breunig. Dr. v. Knilling. Dr. v. Brettreich. v. Hellingrath.

J. V.

Staatsrat v. Weigert.

Auf Allerhöchsten Befehl:
Der Regierungsrat
im K. Staatsministerium des Innern:
Hartmann.

In der Zwischenzeit seit Erlaß des Berggesetzes vom 13. August 1910 bis zu den jüngsten vorabgedruckten Gesetzen ergangene gesetzliche, organisatorische Bestimmungen und Vollzugsvorschriften.

Ausführungsgesetz zur Reichsversicherungsordnung.

Vom 2. November 1912.
(GVBl. 1918 S. 1135 ff.).

Im Namen Seiner Majestät des Königs.

Luitpold,

von Gottes Gnaden Königlicher Prinz von Bayern, Regent.

Wir haben nach Vernehmung des Staatsrats mit Beirat und Zustimmung der Kammer der Reichsräte und der Kammer der Abgeordneten beschlossen und verordnen, was folgt:

Zweiter Abschnitt.

Änderung des Berggesetzes.

Art. 48.

Das Berggesetz in der Fassung vom 13. August 1910 (GVBl. S. 815) wird dahin geändert:

I. Nach Art. 228 wird eingefügt:

Art. 228 a.

Auf die Werksbeamten, die der Versicherungspflicht nach dem Versicherungsgesetze für Angestellte unterliegen oder mit Anspruch auf Ruhegehalt in Betriebsverwaltungen des

Staates, eines Gemeindeverbandes oder einer Gemeinde angestellt sind, ist im Falle des Austritts aus dem Knappschaftsverein Art. 228 auch dann anzuwenden, wenn die Werksbeamten nicht gleichzeitig aus dem Betrieb ausscheiden.

II. In Art. 234 treten an die Stelle der Worte „von dem Oberbergamte" die Worte „von der Berginspektion".

III. An Stelle des Art. 235 treten folgende Vorschriften:

Art. 235.

§ 405 der Reichsversicherungsordnung ist entsprechend anzuwenden auf die Streitigkeiten über die Zugehörigkeit zum Knappschaftsverein und über die Verpflichtung, Beiträge zu Knappschaftsvereinen oder ihren besonderen Krankenkassen zu leisten, einzuzahlen oder zurückzuzahlen. Das gleiche gilt für Streitigkeiten über die Berechnung und Anrechnung der Beitragsteile (Art. 233 Abs. I). Die Vorschriften der Reichsversicherungsordnung über das Beschlußverfahren und in §§ 1804, 1805 gelten entsprechend.

Art. 235 a.

Auf die Streitigkeiten über die Leistungen der Knappschaftsvereine und ihrer besonderen Krankenkassen nach Art. 227 Abs. I Ziff. 1 bis 4 und 229 des Berggesetzes (Leistungen der knappschaftlichen Krankenkassen) sind die Vorschriften des 6. Buches der Reichsversicherungsordnung, soweit sie sich auf die Krankenversicherung beziehen, entsprechend anzuwenden.

Art. 235 b.

Bei Streit über die Leistungen der Knappschaftsvereine nach Art. 227 Abs. I Ziff. 5 bis 7 und Art. 228 Abs. IV des Berggesetzes (Leistungen der knappschaftlichen Pensionskassen) entscheidet auf Antrag in erster Instanz das Oberversicherungsamt (Spruchkammer). Für das Verfahren gelten die Vorschriften der Reichsversicherungsordnung über das Spruchverfahren vor dem Versicherungsamt entsprechend, soweit die §§ 1681, 1684, 1686, 1691 nichts anderes vorschreiben. Ferner gelten entsprechend die §§ 1722 bis 1734, 1802, 1804, 1805 der Reichsversicherungsordnung.

Gegen die Urteile der Spruchkammer ist binnen einem Monat der Rekurs zum Landesversicherungsamt (Spruchsenat) zulässig. Der Rekurs ist ausgeschlossen, wenn es sich lediglich um die Kosten des Verfahrens handelt.

Für das Verfahren über den Rekurs gelten die Vorschriften der Reichsversicherungsordnung über das Spruchverfahren vor dem Versicherungsamt sowie der § 1681, soweit die §§ 1707, 1709 bis 1715, 1719 bis 1721 nichts anderes vorschreiben. Die §§ 1656 bis 1659 der Reichsversicherungsordnung gelten nicht. Die §§ 1716 Abs. I, II, 1722 bis 1734, 1802, 1804, 1805 der Reichsversicherungsordnung finden Anwendung.

Das Landesversicherungsamt entscheidet endgültig.

Art. 235 c.

Die öffentlichen Behörden sind verpflichtet, den im Vollzuge der Art. 235 bis 235 b an sie ergehenden Ersuchen der Knappschaftsvorstände und Versicherungsbehörden zu entsprechen, insbesondere vollstreckbare Entscheidungen zu vollstrecken. Die gleiche Verpflichtung obliegt den Organen der Knappschaftsvereine gegeneinander und gegenüber den Behörden sowie den Trägern der reichsgesetzlichen Versicherung. § 117 der Reichsversicherungsordnung gilt entsprechend.

In den Fällen der Art. 235 bis 235 b gelten die §§ 124 bis 136 der Reichsversicherungsordnung über Fristen und Zustellungen entsprechend.

IV. In Art. 249 werden die Worte „dann 235" gestrichen.

Bekanntmachung, Vollzug der Reichsversicherungsordnung betr.

Vom 9. April 1918.

(GVBl. 1912 S. 362).

K. Staatsministerium des Königl. Hauses und des Äußern.

Auf Grund des § 499 Abs. 2 der Reichsversicherungsordnung wird Nachstehendes bestimmt:

Für die Genehmigung nach § 119 Abs. 2 der Reichsversicherungsordnung ist die K. Berginspektion zuständig, wenn es sich um die Übertragung eines Anspruchs auf Leistungen handelt, die den Knappschaftsvereinen nach der Reichsversicherungsordnung oder nach dem bayerischen Berggesetz obliegen.

München, den 9. April 1912.

J. V. Staatsrat **v. Lößl.**

Bekanntmachung, die Errichtung eines Knappschafts-Oberversicherungsamts betreffend.

Vom 17. Dezember 1912.

(GVBl. 1912 S. 1279).

K. Staatsministerium des Königl. Hauses und des Äußern.

Auf Grund der §§ 63 bis 65 der Reichsversicherungsordnung wird Nachstehendes bestimmt:

1. Mit dem 1. Januar 1913 wird für die Betriebe, die einem Knappschaftsverein (Titel VII des Berggesetzes) angehören, unter der Bezeichnung „Königlich Bayerisches Knappschafts-Oberversicherungsamt" ein besonderes Oberversicherungsamt errichtet.

2. Der Sitz des Knappschafts-Oberversicherungsamts ist München; nach Bedarf werden Spruchkammersitzungen auch in Nürnberg und Zweibrücken abgehalten.

3. Das Knappschafts-Oberversicherungsamt ist für das Gebiet der Unfallversicherung zur Erledigung aller nach der Reichsversicherungsordnung den Oberversicherungsämtern obliegenden Geschäfte in Ansehung der Entschädigungsansprüche aus Unfällen zuständig, die sich in einem dem Knappschafts-Oberversicherungsamte unterstehenden Betriebe ereignet haben.

Das Knappschafts-Oberversicherungsamt ist ferner zur Erledigung aller Geschäfte zuständig, die nach dem Art. 48 des Ausführungs-Gesetzes zur Reichsversicherungsordnung dem Oberversicherungsamt obliegen.

4. Das Knappschafts-Oberversicherungsamt hat die Eigenschaft einer Mittelstelle; es wird dem Oberbergamte angegliedert.

Vorsitzender des Knappschafts-Oberversicherungsamts ist der Oberbergdirektor. Er wird in dieser Eigenschaft ständig und ausschließlich vom Direktor des Knappschafts-Oberversicherungsamts und bei dessen Verhinderung von dem dienstältesten anwesenden Mitglied vertreten.

Der Direktor und die Mitglieder des Knappschafts-Oberversicherungsamts üben ihr Amt im Nebenberuf aus und werden vom Staatsministerium des Kgl. Hauses und des Äußern im Benehmen mit dem Staatsministerium des Innern aus der Zahl der unwiderruflichen höheren Staatsbeamten bestimmt.

Der Direktor und die Mitglieder vertreten sich gegenseitig.

Die Verteilung der Geschäfte erfolgt auf Vorschlag des Direktors durch den Vorsitzenden.

5. Die Zahl der Beisitzer beträgt vierzig.

Die Beisitzer aus den Arbeitgebern werden von den Arbeitgebervorstandsmitgliedern der Knappschaftsvereine, die Versichertenbeisitzer werden von den Knappschaftsältesten gewählt; beide Wahlen finden nach den Grundsätzen der Verhältniswahl statt.

Jeder Berginspektionsbezirk bildet einen Wahlkreis.

Es werden gewählt im Wahlkreis
der Berginspektion München je 8,
in dem der Berginspektion Bayreuth je 5
und in dem der Berginspektion Zweibrücken je 7 Arbeitgeber- und Versichertenbeisitzer, sowie ebensoviele Stellvertreter.

Das Oberbergamt erläßt die Wahlordnung; diese ist durch Vermittlung der Knappschaftsvereine den Wählern bekannt zu geben.

6. Das Oberbergamt stellt dem Knappschafts-Oberversicherungsamt das erforderliche mittlere und untere Personal zur Verfügung.

7. Dem Landesversicherungsamt wird die Befugnis übertragen, die Geschäftsführung des Knappschafts-Oberversicherungsamts im Benehmen mit dem Oberbergdirektor an Ort und Stelle zu prüfen. Etwaige Anstände, die sich hierbei oder bei anderem Anlaß ergeben, sind dem Oberbergdirektor mitzuteilen. In wichtigeren Fällen hat das Landesversicherungsamt dem Staatsministerium des Kgl. Hauses und des Äußern zu berichten.

8. Zu den Kosten des Knappschafts-Oberversicherungsamts haben die beteiligten Knappschaftsvereine gemäß § 82 der Reichsversicherungsordnung angemessene Beiträge zu leisten. Die Staatsministerien des Kgl. Hauses und des Äußern sowie des Innern setzen die Beiträge fest.

Im übrigen sind die Kosten von den beteiligten Versicherungsträgern zu erstatten; diese können mit dem Knappschafts-Oberversicherungsamt Pauschbeträge vereinbaren; die Vereinbarungen unterliegen der Genehmigung der Staatsministerien des Kgl. Hauses und des Äußern, sowie des Innern. Soweit solche Vereinbarungen nicht getroffen werden, tragen die beteiligten Versicherungsträger die von ihnen zu deckenden Kosten nach dem Verhältnis, in dem die Zahl der den einzelnen Versicherungsträger betreffenden im Geschäftsjahre erledigten Berufungen, Beschwerden und sonstigen Beschlußsachen zur Gesamtzahl der im Geschäftsjahr erledigten Angelegenheiten dieser Art steht; das knappschaftliche Oberversicherungsamt berechnet die Beiträge und setzt sie fest.

9. Das Knappschafts-Oberversicherungsamt führt ein Dienstsiegel nach dem für das Oberbergamt vorgeschriebenen Muster. Es enthält die Umschrift: „K. Bayer. Knappschafts-Oberversicherungsamt".

München, den 17. Dezember 1912.

Dr. Frhr. v. Hertling. Dr. Frhr. v. Soden-Fraunhofen.

Bekanntmachung, Das Knappschafts-Oberversicherungsamt betr.

Vom 12. März 1913.

(MinABl. S. 220).

K. Staatsministerien des Königlichen Hauses und des Äußern sowie des Innern.

In Ergänzung der Bekanntmachung, die Errichtung eines Knappschafts-Oberversicherungsamts betreffend, vom 17. Dezember 1912 (GVBl. S. 1279) wird nachstehendes bestimmt:

1. Die Ziffern 2 (Wahl der Mitglieder der Beschlußkammer), 3 Abs. 2 (Heranziehung der Beisitzer zu den Verhandlungen der Spruchkammern), 4 und 5 (Wahl der Ärzte), 6 (Unterzeichnung der Verfügungen und Entscheidungen) der Bekanntmachungen über die Oberversicherungsämter vom 10. Januar 1913 (MABl. S. 25f.) finden auf das Knappschafts-Oberversicherungsamt entsprechende Anwendung.
2. Als „Sitz" des Knappschafts-Oberversicherungsamts im Sinne des letzten Satzes des § 1686 Abs. 1 der Reichsversicherungsordnung sind außer München auch Nürnberg und Zweibrücken anzusehen (vgl. Ziff. 2 der Bekanntmachung vom 17. Dezember 1912).

München, den 12. März 1913.

Dr. Frhr. v. Soden-Fraunhofen. J. V. Staatsrat **von Lößl.**

Bekanntmachung über die Oberversicherungsämter.

Vom 10. Januar 1913.

(MinABl. 1913 S. 25).

K. Staatsministerium des Innern.

In Ergänzung der Bekanntmachung über die Errichtung der Oberversicherungsämter vom 30. November 1912 (GVBl. S. 1229) wird im Einverständnis mit dem Kgl. Staatsministerium der Finanzen über die Oberversicherungsämter noch folgendes bestimmt:

2. Die Wahl der Mitglieder der Beschlußkammer und ihrer Stellvertreter erfolgt schriftlich nach Maßgabe des § 4 der Kaiserlichen Verordnung über Geschäftsgang und Verfahren der Oberversicherungsämter vom 24. Dezember 1911 (RGBl. S. 1095; AN. 1912 S. 300). Die Zahl der Stellvertreter ist mindestens auf je zwei festzusetzen.

Die näheren Bestimmungen über die Wahl hat der Vorsitzende des Oberversicherungsamts als Wahlleiter zu treffen. Hierbei wird schon mit Rücksicht auf die Beisitzer, die ihr Wahlrecht ausüben wollen, die briefliche Einsendung des Stimmzettels zuzulassen und die Abgabe des Stimmzettels in einem verschlossenen, vom Oberversicherungsamt abgestempelten, adressierten und mit der Bezeichnung der Wählergruppe (Arbeitgeber oder Arbeitnehmer) versehenen Wahlumschlag anzuordnen sein. Wahlumschlag und Stimmzettel sind zu diesem Zwecke vom Oberversicherungsamt vorher jedem Wähler zuzustellen. Zur Feststellung des Wahlergebnisses ist außer dem Schriftführer noch mindestens je ein Beisitzer aus den Arbeitgebern und Arbeitnehmern zuzuziehen. In jeder Gruppe ist als Mitglied gewählt, wer die meisten Stimmen erhalten hat. Der Beisitzer mit der zweithöchsten Stimmenzahl ist als erster Stellvertreter gewählt, der mit der dritthöchsten Stimmenzahl als zweiter Stellvertreter. Bei Stimmengleichheit entscheidet das Los.

3. Die künftig zu wählenden Beisitzer der Oberversicherungsämter sind zu den Verhandlungen der Spruchkammern in alphabetischer Reihenfolge zuzuziehen, soweit sich nicht aus § 1685 der Reichsversicherungsordnung Abweichungen ergeben.

4. Die Wahl der Ärzte, die das Oberversicherungsamt als Sachverständige zuzieht (§ 1686 der RVO.), erfolgt erstmals zu Beginn des Jahres 1913 nach Bildung der Beschlußkammer. Später ist sie jeweils im Dezember des letzten Jahres der vierjährigen Wahlzeit vorzunehmen.

Vor der Wahl ist die Ärztekammer des Regierungsbezirkes, in dem das Oberversicherungsamt seinen Sitz hat, um Benennung einer entsprechenden Anzahl geeigneter Ärzte zu ersuchen. Hierbei sind die Namen der Ärzte mitzuteilen, die bisher vom Schiedsgericht oder vom Oberversicherungsamte regelmäßig zugezogen worden sind. Die Ärztekammer soll rechtzeitig so viele Ärzte vorschlagen, daß dem Oberversicherungsamte die Möglichkeit einer entsprechenden Auswahl verbleibt. Das Oberversicherungsamt ist auf die von der Ärztekammer vorgeschlagenen Personen nicht beschränkt.

Über die notwendige Zahl von Sachverständigen ist nicht hinauszugehen.

5. Bei der Wahl der Ärzte hat der Vorsitzende des Oberversicherungsamts die Namen der bisher zugezogenen und der von der Ärztekammer vorgeschlagenen Ärzte der Beschlußkammer bekanntzugeben und entsprechende Vorschläge zu machen. Kommt eine Einigung nicht zustande, so werden die Ärzte einzeln durch Stimmzettel gewählt. Die Mehrheit der Stimmen entscheidet; bei Stimmengleichheit entscheidet die Stimme des Vorsitzenden.

Über die Wahlhandlung und ihr Ergebnis ist eine Niederschrift aufzunehmen. Die Namen der Gewählten werden erst bekanntgemacht, wenn die Annahme der Wahl erfolgt ist. Die Bereitwilligkeit zu der Annahme kann schon vor der Wahl erklärt werden.

Bei der erstmaligen Wahl bestimmt der Vorsitzende des Oberversicherungsamts den Zeitpunkt, in dem die Neugewählten ihre Tätigkeit beginnen. Die für 1912 vom Schiedsgerichte gewählten Ärzte setzen bis dahin ihre Tätigkeit fort.

6. Die Verfügungen und Entscheidungen mit Einschluß der Reinschriften werden, soweit sie nicht nach § 2 der Kaiserlichen Verordnung über den Geschäftsgang und das Verfahren der Oberversicherungsämter von dem Vorsitzenden der Kammer zu unterzeichnen sind oder der Regierungspräsident die endgültige Zeichnung sich ausdrücklich vorbehalten hat, vom Direktor des Oberversicherungsamts unterzeichnet. Der Direktor und in den bezeichneten Fällen der Vorsitzende der Kammer unterzeichnen ohne den Zusatz „J. V." (In Vertretung) oder „J. A." (Im Auftrage).

Der Regierungspräsident kann nach Anhörung des Direktors anordnen, daß bestimmte Sachen an Stelle des Direktors ein Mitglied des Oberversicherungsamts unterzeichnet. In diesem Falle ist der Unterschrift die Bezeichnung „J. A.“ vorzusetzen. Das Mitglied, das den Direktor während seiner Verhinderung vertritt, setzt während dieser Zeit seiner Unterschrift die Bezeichnung „J. V.“ bei.

Ausfertigungen und Abschriften werden in der Form, die § 38 der erwähnten Verordnung vorsieht, von einem Rechnungskommissär oder Sekretär des Oberversicherungsamts unterzeichnet.

München, den 10. Januar 1913.

Dr. Frhr. v. Soden-Fraunhofen.

Bekanntmachung, Vollzug der Reichsversicherungsordnung und des Berggesetzes betreffend.

Vom 28. November 1913.

(GVBl. 1913 S. 812).

K. Staatsministerium des K. Hauses und des Äußern.

Auf Grund der §§ 502 und 376 der Reichsversicherungsordnung und des § 1 Buchstabe k der Kgl. Verordnung vom 10. November 1904, betreffend die Formation der Staatsministerien (GVBl. S. 567) wird im Einverständnisse mit dem Staatsministerium des Innern folgendes bestimmt:

1. Die Apotheken haben den Knappschaftsvereinen für die Arzneien einen Abschlag von den Preisen der deutschen Arzneitaxe in der Höhe von 10 vom Hundert zu gewähren. Diese Verpflichtung besteht nicht bei der Abgabe von Heilsera, von Tuberkulin in unverdünntem Zustande, von fabrikmäßig hergestellten Zubereitungen, die nur in fertiger Aufmachung in den Handel kommen und in unveränderter Aufmachung ohne Zusatz einer handschriftlichen Gebrauchsanweisung abgegeben werden, dann bei der Abgabe von den Mitteln, die zu den nach Ziff. 2 für den Handverkauf festgesetzten Preisen abgegeben werden.

Ergeben sich bei der Gewährung des Abschlags Bruchteile eines Pfennigs, so sind sie auf volle Pfennige ohne weitere Aufrundung zu erhöhen.

In den Arzneirechnungen für Knappschaftsvereine ist der Abschlag auszuweisen.

2. Die Liste der Mittel, die ohne ärztliche Verordnung im Handverkauf abgegeben zu werden pflegen und die Preise dieser Mittel sind für jeden Knappschaftsverein von der für den Sitz des Vereins zuständigen Regierung, Kammer des Innern, als der höheren Verwaltungsbehörde im Benehmen mit dem Oberbergamt festzusetzen. Bei der Festsetzung sind die örtlichen Verhältnisse, insbesondere die im Handverkauf an die nicht versicherte Bevölkerung üblichen Preise zu berücksichtigen.

Vor der Festsetzung sind Vertreter der Knappschaftsvereine und Apotheker zu hören.

Erstreckt sich ein Knappschaftsverein über mehrere Regierungsbezirke, so empfiehlt sich vor Festsetzung der Liste eine Verständigung mit den übrigen beteiligten Kreisregierungen, damit auch die dortigen örtlichen Verhältnisse berücksichtigt werden; nötigenfalls ist die Liste für die Regierungsbezirke verschieden festzusetzen. In allen Fällen soll die Liste für die Knappschaftsvereine mit derjenigen für die reichsgesetzlichen Krankenkassen desselben Bezirks nach Möglichkeit übereinstimmen.

Die Festsetzung und jede spätere Änderung ist im Bayerischen Staatsanzeiger zu veröffentlichen.

3. Die Regierungen, Kammer des Innern, haben als höhere Verwaltungsbehörden im Bedürfnisfall anzuordnen, daß die Knappschaftsvereine die Bezahlung eines Arzneimittels, das zu einem die Festsetzung nach Ziff. 2 nicht übersteigenden Preise aus Apotheken bezogen wird, nicht deshalb ablehnen dürfen, weil sie mit Personen, die nicht Apothekenbesitzer oder -Verwalter sind, niedrigere Preise vereinbart haben.

4. Die vorstehende Ziff. 1 tritt am 1. Januar 1914 in Kraft.

Zum Vollzuge der Ziff. 2 haben die Regierungen, Kammern des Innern, sofort die erforderlichen Einleitungen zu treffen.

München, den 28. November 1913.

Dr. Frhr. v. Hertling.

Bekanntmachung, betreffend die Zuständigkeit des Knappschafts-Oberversicherungsamts.

Vom 14. Januar 1914.

(GVBl. 1914 S. 25).

K. Staatsministerien des Königlichen Hauses und des Äußern und des Innern.

Auf Grund des § 63 der Reichsversicherungsordnung wird Nachstehendes bestimmt:

1. Bei der Anwendung der §§ 368 bis 376 der RVO. (Verhältnis zu Ärzten, Zahnärzten, Krankenhäusern und Apotheken) auf Knappschaftsvereine (§ 502 der RVO.) ist das Knappschafts-Oberversicherungsamt zur Erledigung aller Geschäfte zuständig, die nach den §§ 368 bis 376 der RVO. dem Oberversicherungsamt obliegen.

2. Die Bestimmung tritt sofort in Kraft.

München, den 14. Januar 1914.

Dr. Graf v. Hertling. **Dr. Frhr. v. Soden-Fraunhofen.**

Gesetz, betreffend Änderung des Berggesetzes.

Vom 15. August 1914.

(GVBl. 1914 S. 413).

Einziger Artikel.

Dem Art. 99 des Berggesetzes vom 13. August 1910 wird der folgende Abs. II angefügt:

> Die Vertrauensmänner können nur aus der Mitte der von den Arbeitern selbst gewählten Mitglieder des Arbeiterausschusses gewählt werden.

München, den 15. August 1914.

Ludwig.

Dr. Graf v. Hertling. Dr. Frhr. v. Soden-Fraunhofen. v. Thelemann. v. Breunig. v. Seidlein. Dr. v. Knilling. Frhr. v. Kreß.

Auf Allerhöchsten Befehl:
Der Ministerialrat
im K. Staatsministerium des Innern:
Knözinger.

Knappschaftskriegsgesetz.

Vom 5. April 1916.

(GVBl. 1916 S. 51).

Art. 1.

Leisten Knappschaftsvereinsmitglieder Kriegs-, Sanitäts- oder ähnliche Dienste, so bleiben auch ohne Zahlung von Anerkennungsgebühren (Art. 228 des bayerischen Berggesetzes vom 13. August 1910) während der Leistung dieser Dienste und während der auf die Entlassung aus ihnen folgenden zwei Monate ihre Ansprüche auf die Leistungen der Pensionskasse gewahrt. Der Lauf der in Art. 228 Abs. 2 und 3 des Berggesetzes bestimmten Fristen wird durch die Einberufung zu Kriegs-, Sanitäts- oder ähnlichen Diensten unterbrochen; der Fristenlauf beginnt von neuem nach den auf die Entlassung aus ihnen folgenden zwei Monaten.

Art. 2.

Die nicht vollberechtigten Knappschaftsvereinsmitglieder, welche zur Zahlung von Anerkennungsgebühren nicht berechtigt sind, wahren sich, wenn sie zur Leistung von Kriegs-, Sanitäts- oder ähnlichen Diensten aus der ihre Mitgliedschaft begründenden Beschäftigung ausgeschieden sind, ihre Ansprüche auf die Leistungen der Pensionskasse (Art. 227 Abs. 1 Ziff. 5 bis 7 des Berggesetzes), wenn sie innerhalb vier Monaten nach ihrer Entlassung aus jenen Diensten wieder ihrem früheren Knappschaftsverein oder einem Knappschaftsvereine beitreten, der die Anrechnung der in dem früheren Vereine verbrachten Dienstzeit zuläßt.

Art. 3.

Ist durch die Satzung eines Knappschaftsvereins vorgesehen, daß die erloschenen Pensionskassenansprüche eines früheren Mitglieds, wenn es dem Vereine wieder beitritt, nach bestimmter Frist wieder aufleben, so wird auf diese Frist die Mitgliedzeit vor dem Beginne der Dienstleistung angerechnet, wenn das zur Leistung von Kriegs-, Sanitäts- oder ähnlichen Diensten einberufene Mitglied innerhalb vier Monaten nach der Entlassung aus diesen Diensten wieder in den Knappschaftsverein eintritt.

Art. 4.

Die in Kriegs-, Sanitäts- oder ähnlichen Diensten verbrachte Zeit sowie die auf die Entlassung aus diesen Diensten folgenden zwei Monate werden in den Fällen der Art. 1, 2 und 3 auf die in den Vereinssatzungen vorgesehene Wartezeit und auf die pensionsfähige Dienstzeit sowie auf die in Art. 3 erwähnte Frist angerechnet.

Haben Knappschaftsvereinsmitglieder, die während des gegenwärtigen Krieges Kriegs-, Sanitäts- oder ähnliche Dienste leisten und infolge dieser Dienste arbeitsunfähig werden, mit den auf die Entlassung aus diesen Diensten folgenden zwei Monaten die Wartezeit nicht erreicht, so sind die von ihnen zur Pensionskasse geleisteten Beiträge auf Antrag zu erstatten.

Wenn solche Knappschaftsvereinsmitglieder infolge der während des Krieges geleisteten Dienste zu Tode kommen, so sind der Witwe und den Abkömmlingen beziehungsweise in deren Ermangelung den Eltern die von dem Verstorbenen zur Pensionskasse geleisteten Beiträge auf Antrag zu erstatten. Andere Hinterbliebene haben keinen Anspruch auf Rückerstattung.

Art. 5.

Militärpensionen, die aus Anlaß des gegenwärtigen Krieges bezahlt werden, dürfen auf knappschaftliche Pensionskassenleistungen (Art. 227 Abs. 1 Ziff. 5 bis 7 des Berggesetzes) nicht angerechnet werden.

Art. 6.

Die Leistungen der Pensionskasse sind auch dann zu gewähren, wenn ein Knappschaftsvereinsmitglied im gegenwärtigen Kriege verschollen ist. Es gilt als verschollen, wenn während eines Jahres keine glaubhaften Nachrichten von ihm eingegangen sind und die Umstände seinen Tod wahrscheinlich machen. Auch vor Ablauf eines Jahres seit Eingang der letzten glaubhaften Nachrichten können die Leistungen der Pensionskasse gewährt werden, wenn der Tod des Verschollenen mit hoher Wahrscheinlichkeit anzunehmen ist.

Das Versicherungsamt kann auf Antrag des Knappschaftsvereins von den Hinterbliebenen die eidesstattliche Erklärung verlangen, daß sie von dem Leben des Vermißten keine anderen als die angezeigten Nachrichten erhalten haben.

Den Todestag Verschollener stellt der Knappschaftsverein

nach billigem Ermessen fest. Für die auf See Verschollenen gilt § 1100 Abs. 1 der RVO.

Wird nachgewiesen, daß ein Knappschaftsvereinsmitglied, das als verschollen galt, noch lebt, so wird die weitere Gewährung der Leistungen der Pensionskasse eingestellt. Der Knappschaftsverein braucht die zu Unrecht bezahlten Beträge nicht zurückzufordern.

Art. 7.

Die Vorschriften dieses Gesetzes finden ohne Änderung der Satzungen der Knappschaftsvereine Anwendung.

Satzungsbestimmungen, die den Mitgliedern weitergehende Rechte beilegen, werden durch dieses Gesetz nicht berührt.

Art. 8.

Die Vorschriften dieses Gesetzes gelten für die von Reichsangehörigen im gegenwärtigen Kriege dem Deutschen Reiche unmittelbar oder mittelbar geleisteten Kriegs-, Sanitäts- oder ähnlichen Dienste.

Das Staatsministerium des Kgl. Hauses und des Äußern kann bestimmen, daß die Vorschriften dieses Gesetzes auch für Angehörige anderer Staaten und für die diesen Staaten unmittelbar oder mittelbar geleisteten Kriegs-, Sanitäts- oder ähnlichen Dienste gelten.

Art. 9.

Dies Gesetz gilt für die Zeit vom 1. August 1914 ab und auch für die Zeit, in der Knappschaftsmitglieder zu einer Übung vor der Mobilmachung einberufen waren, aber nicht mehr zur Arbeit zurückkehren konnten, sondern anschließend Kriegs-, Sanitäts- oder ähnliche Dienste verrichtet haben.

München, den 5. April 1916.

Ludwig.

Dr. Graf v. Hertling. Dr. Frhr. v. Soden-Fraunhofen. v. Thelemann. v. Breunig. v. Seidlein. Dr. v. Knilling. Frhr. v. Kreß.

Auf Allerhöchsten Befehl:
Der Ministerialrat
im K. Staatsministerium des Innern:
Knözinger.

Bekanntmachung, betreffend die Ausdehnung des Knappschaftskriegsgesetzes auf Angehörige der Österreichisch-Ungarischen Monarchie.

Vom 8. April 1916.

(GVBl. 1916 S. 54.)

K. Staatsministerium des Königlichen Hauses und des Äußern.

Auf Grund des Art. 8 Abs. 2 des Knappschaftskriegsgesetzes vom 5. April 1916 (GVBl. 1916 S. 51) wird Folgendes bestimmt:

Die Vorschriften des Knappschaftskriegsgesetzes gelten auch für die Angehörigen der Österreichisch-Ungarischen Monarchie und für die dieser Monarchie unmittelbar oder mittelbar geleisteten Kriegs-, Sanitäts- oder ähnlichen Dienste mit der Maßgabe, daß die Vorschriften des Art. 9 des Gesetzes über die rückwirkende Kraft auch für diese Bekanntmachung gelten.

München, den 8. April 1916.

Dr. Graf v. Hertling.

Königliche Verordnung, die Organisation und den Wirkungskreis der Bergbehörden, hier die Geschäfte der Markscheider betreffend.

Vom 24. November 1913.

(GVBl. 1913 S. 811).

Der § 9 der Königlichen Verordnung vom 30. Juli 1900, die Organisation und den Wirkungskreis der Bergbehörden betreffend (GVBl. S. 839) erhält folgende Fassung:

Die bei den Berginspektionen angestellten Markscheider sind amtlich bestellte Markscheider im Sinne des Berggesetzes; ihre örtliche Zuständigkeit beschränkt sich auf den Berginspektionsbezirk.

Für die Besorgung der durch das Berggesetz den Markscheidern zugewiesenen Geschäfte haben die Grubenbesitzer Gebühren zu entrichten. Die Gebühren werden für die Staatskasse vereinnahmt. Die Regelung der Gebühren erfolgt durch das Staatsministerium des Königlichen Hauses und des Äußern.

Das Oberbergamt kann ausnahmsweise markscheiderisch ausreichend vorgebildeten Beamten von Bergwerksbesitzern die Zuständigkeit von amtlich bestellten Markscheidern im Sinne des Berggesetzes für einzelne Grubenbetriebe übertragen. Die Übertragung unterliegt der Genehmigung des Staatsministeriums des Königlichen Hauses und des Äußern.

Die Aufsicht über die Markscheider wird durch das Oberbergamt geführt.

Rohrbrunn, den 24. November 1913.

Ludwig.

Dr. Frhr. v. Hertling.

Auf allerhöchsten Befehl:
Der Generalsekretär:
Ministerialrat Dr. v. Müller.

Königliche Verordnung, die Organisation und den Wirkungskreis der Bergbehörden, hier die Geschäfte der Markscheider betreffend.

Vom 29. April 1915.

(GVBl. 1915 S. 45).

Der § 9 der Kgl. Verordnung vom 30. Juli 1900 in der Fassung der Kgl. Verordnung vom 24. November 1913 (GVBl. S. 811) erhält in Abs. I folgenden Zusatz:

Das Kgl. Staatsministerium des Kgl. Hauses und des Äußern kann vorübergehend die Zuständigkeit eines Markscheiders auf weitere Berginspektionsbezirke im vollen oder beschränktem Umfang ausdehnen und anderen Angestellten einer Berginspektion, die markscheiderisch ausreichend vorgebildet sind, Zuständigkeit von Markscheidern ganz oder teilweise übertragen.

München, den 29. April 1915.

Ludwig.

Dr. Graf v. Hertling.

Auf Allerhöchsten Befehl:
Der Generalsekretär:
Ministerialrat Dr. v. Müller.

Bekanntmachung, die Gebühren der Markscheider betreffend.

Vom 13. Februar 1914.

(GVBl. 1914 S. 59).

K. Staatsministerium des Königlichen Hauses und des Äußern.
K. Staatsministerium der Finanzen.

Auf Grund des § 9 der Kgl. Verordnung, betreffend die Organisation und den Wirkungskreis der Bergbehörden vom 30. Juli 1900/24. November 1913 werden über die Gebühren und Auslagen für die Inanspruchnahme der Markscheider bei den Berginspektionen nachstehende Bestimmungen getroffen:

§ 1. Die Gebühren für die Inanspruchnahme der Markscheider bei den Berginspektionen sind nach Zeitaufwand und Entfernung zu berechnen.

§ 2. Als Gebühr für den Zeitaufwand (Stundengebühr) sind aufzurechnen:

a) im äußeren Dienst für den
   Markscheider . . . . 1,80 ℳ
   amtlichen Meßgehilfen . . . . —,60 ℳ
b) im inneren Dienst für den
   Markscheider . . . . —,80 ℳ
   amtlichen Meßgehilfen . . . . —,50 ℳ

In den Zeitaufwand wird, vorbehaltlich der Bestimmung in § 3 Abs. 2, nur die Arbeitszeit, nicht aber die Reise- und die Ruhezeit eingerechnet. Ist die für ein Geschäft aufgewendete Zeit geringer als eine Stunde oder ergibt sich bei der Zusammenrechnung außer vollen Stunden auch noch ein Bruchteil, so wird zur vollen Stunde aufgerundet. Die Gebührenberechnung nach einer den wirklichen Zeitaufwand übersteigenden Stundenzahl ist unzulässig.

§ 3. Die Gebühr nach der Entfernung (Reisegebühr) beträgt für Eisenbahnfahrten 10 ₰, für Wege zu Fuß 20 ₰ für jeden angefangenen Kilometer des Hin- und des Rückweges ohne weitere Anrechnung von Zeitaufwand. Für den amtlichen Meßgehilfen ist die Hälfte dieser Sätze zu berechnen.

Für Wagenfahrten sind als Reisegebühr die wirklich erwachsenen Kosten zu berechnen; überschreitet die Dauer der

Wagenfahrt im Tage zwei Stunden, so wird die Dauer der Wagenfahrt in den Zeitaufwand (§ 2) eingerechnet.

§ 4. Bei Dienstgeschäften, welche mehrere Tage dauern, werden die Reisegebühr (§ 3) und die Kosten der etwaigen Wagenfahrt für Hin- und Rückreise nur einmal angerechnet, auch wenn die Hin- und Rückreise wiederholt ausgeführt wird.

Ausnahmsweise sind bei Wiederholung der Hin- und Rückreise die halbe Reisegebühr (§ 3) und die vollen Kosten der etwaigen Wagenfahrt anzurechnen, wenn Sonn- und Feiertage, größere Störungen des Grubenbetriebs oder von den Grubenbesitzern oder deren Bevollmächtigten beantragte vordringliche Berechnungen, die nicht am Vermessungsort ausgeführt werden können, die Arbeitsunterbrechung unvermeidlich gemacht haben.

§ 5. Wurden auf einer Dienstreise Messungen für verschiedene Werke erledigt, so sind die Reisegebühren nach Maßgabe der angewendeten Zeit auf die Werke zu verteilen.

§ 6. An baren Auslagen sind zu erstatten:

1. die Post-, Telegramm- und Telephongebühren,
2. die Kosten der Beförderung der Geräte,
3. die Kosten für Zeichenpapier und Steuerblätter

je nach dem wirklichen Aufwand.

§ 7. Die Berechnung der Gebühren und Auslagen obliegt dem Markscheider. Er hat über die ausgeführten Arbeiten für jede Grube ein besonderes Verzeichnis nach dem beigefügten Formblatte zu führen.

Die Eintragungen sind regelmäßig unmittelbar nach der Ausführung der Arbeiten zu vollziehen.

§ 8. Die Berginspektion prüft die Verzeichnisse, berichtigt sie, soweit es veranlaßt ist und legt sie spätestens bis 15. des auf das Kalendervierteljahr folgenden Monats der Kreisregierung, Kammer der Finanzen, zur Festsetzung vor.

Die von der Kreisregierung festgesetzten Gebühren und Auslagen werden in dem Gebührenregister der Berginspektion für das laufende Kalendervierteljahr zu Soll gestellt und in gleicher Weise wie die sonstigen Gebühren eingehoben und beigetrieben. Ebenso bemißt sich die Behandlung der Rückstände und uneinbringlichen Beträge nach den für die Staats-Gebühren und -Auslagen geltenden Vorschriften.

Für die Verrechnung der Post-Gebühren und -Auslagen sind gleichfalls die allgemeinen Vorschriften maßgebend.

Die Markscheidereigebühren sind auf den Etat des K. Staatsministeriums des K. Hauses und des Äußern unter dem Titel „Berginspektionen, Markscheidereigebühren", zu vereinnahmen. Mit Rücksicht hierauf sind die Markscheidereigebühren in den Gebührenregistern bei der Solleinnahme, der wirklichen Einnahme und den Rückständen in gesonderter Spalte vorzutragen.

§ 9. Ist der Berginspektion eine kostenpflichtige Partei als zahlungsunfähig bekannt oder auf Anfrage vom Rentamte bezeichnet, so hat sie den Vollzug eines Parteiantrags von der Erlegung eines entsprechend bemessenen Kostenvorschusses abhängig zu machen.

Für Anträge auf Anfertigung und Nachtragung der Grubenbilder gemäß Art. 75 des Berggesetzes gilt die Bestimmung im Abs. 1 nicht.

§ 10. Der Staat als Bergwerksbesitzer hat für markscheiderische Arbeiten keine Gebühren zu entrichten, sondern nur die Barauslagen für Reisekosten, Tagegelder, Zeichenmaterial und Gerätebeförderung zu erstatten.

§ 11. Diese Bestimmungen treten mit Wirkung vom 1. Januar 1914 in Kraft. Mit diesem Zeitpunkt gelten alle entgegenstehenden Bestimmungen als aufgehoben.

München, den 13. Februar 1914.

Dr. Graf v. Hertling. v. Breunig.

Bekanntmachung, Ausführung des Berggesetzes vom 13. August 1910 betr.

Vom 11. Januar 1911.

(MinABl. 1911 S. 9).

K. Staatsministerium des Königlichen Hauses und des Äußern.

Unter Bezugnahme auf II 3b der Ausführungsanweisung vom 1. September 1910 (Amtsbl. 1910 S. 549 ff.) wird bestimmt:

I. Die Zeugnisse der in der nachfolgenden Ziff. II aufgeführten deutschen und österreichischen Bergschulen über die technische und geschäftliche Befähigung von Aufsichtspersonen (Art. 76 des Berggesetzes) werden nach Maßgabe der näheren Bestimmungen in Ziff. II und III unten und vorbehaltlich der Ziff. II 4 der Ausführungsanweisung vom 1. September 1910 bis auf weiteres als genügende Nachweise für die in ihnen bekundete Befähigung anerkannt, wenn sie auf Grund einer Prüfung ausgestellt sind und im Gesamtergebnis mindestens das Prädikat „genügend" enthalten.

II. 1. Es werden anerkannt die Gruben- und Tagessteiger-Zeugnisse

a) der Bergschulen zu Aachen, Bochum, Essen, Saarbrücken, Zwickau i. S., Mährisch-Ostrau und Klagenfurt für den gesamten bayerischen Bergbau einschließlich der unterirdischen Steinbrüche und Gräbereien;

b) der Bergschulen zu Clausthal, Freiberg i. S., Diedenhofen, Dux und Leoben für den gesamten bayerischen Bergbau mit Ausschluß derjenigen Bergwerke und Bergwerksabteilungen, auf denen Schlagwetterentwicklung stattfindet, ferner für die unterirdischen Steinbrüche und Gräbereien;

c) der Bergschulen zu Dillenburg, Eisleben, Siegen und Wetzlar für den gesamten bayerischen Erz-, Braunkohlen- und Salzbergbau, sowie für die unterirdischen Steinbrüche und Gräbereien.

2. Die Anerkennung dieser Zeugnisse ist davon abhängig, daß sie in den Fächern Bergbaukunde, bergpolizeiliche und gewerbepolizeiliche Vorschriften und Unfallverhütung einschließlich des Rettungsdienstes mindestens das Prädikat „genügend" ausweisen. Enthält ein Zeugnis in einem dieser Fächer eine schlechtere oder gar keine Beurteilung, so findet besondere Prüfung in den fraglichen Fächern durch die Berginspektion statt.

III. Die Maschinenwerkmeister- und Maschinensteiger-Zeugnisse von Bergschulen, die unter II aufgeführt sind, werden für den gesamten bayerischen Bergbau einschließlich der unterirdischen Steinbrüche und Gräbereien anerkannt.

München, den 11. Januar 1911.

Dr. Frhr. v. Podewils.

Alphabetisches Sachregister.

Die Zahlen bezeichnen die Seitenzahlen.

K.

L.

M.

O.

FSC
www.fsc.org
MIX
Papier | Fördert
gute Waldnutzung
FSC® C083411

Kolibri 360 GmbH
Ferdinand-Jühlke-Straße 7
99095 Erfurt, Deutschland
produktsicherheit@kolibri360.de